N.º 112

SOPHONISBE,

TRAGÉDIE

DE MAIRET,

RÉPARÉE A NEUF.

Le prix est de 30 sols.

A PARIS

Chez la Veuve DUCHESNE, Libraire, rue Saint-Jacques, au-dessous de la Fontaine S.-Benoît, au Temple du Goût.

M. DCC. LXX.

Avec Approbation & Privilége du Roi.

A MONSEIGNEUR
LE DUC
DE LA VALLIERE,

GRAND FAUCONIER DE FRANCE,
Chevalier des Ordres du Roi, &c, &c.

Monseigneur,

Quoique les Épîtres Dédicatoires aient la réputation d'être aussi ennuieuses qu'inutiles, souffrez pourtant que je vous offre la Sophonisbe de Mairet corrigée par un Amateur autrefois très-

a ij

connu. C'est votre bien que je vous rends. Tout ce qui regarde l'Histoire du Théâtre vous appartient, après l'honneur que vous avez fait à la littérature Française, de présider à l'Histoire du Théâtre la plus complette. Presque tous les sujets des Pièces dont cette Histoire parle, ont été tirés de votre Bibliothèque, la plus curieuse de l'Europe en ce genre. Le Manuscrit de la Pièce qui vous est dédiée vous manquait : il vient de M. Lantin, Auteur de plusieurs Poëmes singuliers qui n'ont pas été imprimés, mais que les Littérateurs conservent dans leurs porte-feuilles.

J'ai commencé par mettre ce Manuscrit parmi les vôtres. Personne ne jugera mieux que vous si l'Auteur a rendu quelque service à la Scène Française, en habillant la Sophonisbe de Mairet à la moderne.

Il était triste que l'Ouvrage de Mairet qui eut tant de réputation autrefois, fût absolument exclu du Théâtre, & qu'il rebutât même tous les Lecteurs, non-seulement par les expressions surannées, & par les familiarités qui déshonoraient alors la Scène, mais par quelques indécences que la pureté de notre Théâtre rend aujourd'hui intolérables. Il faut toujours se souvenir que cette Pièce, écrite long-temps avant le Cid, est la première qui apprit aux Français les règles de la Tragédie, & qui mit le Théâtre en honneur.

Il est très-remarquable qu'en France, ainsi qu'en Italie, l'Art Tragique ait commencé par une Sophonisbe. Georgio Trissino, Archevêque de Bénévent, voulant faire passer ce grand Art de la Grèce chez ses Compatriotes, choisit le sujet de Sophonisbe pour son coup d'essai plus de cent ans avant Mairet. Sa Tragédie, ornée de Chœurs, fut représentée à Vicenza dès l'an 1514, avec une magnificence digne du plus beau siécle de l'Italie.

Notre émulation se borna, près de cinquante ans après, à la traduire en Prose ; & quelle Prose encore! Vous avez, Monseigneur, cette traduction faite par Mélin de Saint-Gelais. Nous n'étions dignes alors de rien traduire ni en Prose ni en Vers. Notre Langue n'était pas formée, elle ne le fut que par nos premiers Académiciens ; & il n'y avait point d'Académie encore quand Mairet travailla.

Dans cette barbarie, il commença par imiter les Italiens, il conçut les préceptes qu'ils avaient tous suivis; les unités de lieu, de temps & d'action furent scrupuleusement observées dans sa Sophonisbe. Elle fut composée dès l'an 1629, & jouée en 1633. Une faible aurore de bon goût commençait à naître. Les indignes bouffonneries dont l'Espagne & l'Angleterre salissaient souvent leur Scène tragique, furent proscrites par Mairet; mais il ne put chasser je ne sais quelle familiarité comique, qui était d'autant plus à la mode alors que ce genre est plus facile, & qu'on a pour excuse de pouvoir dire, *cela est naturel*. Ces naïvetés furent long-temps en possession du Théâtre en France.

Vous trouverez dans la premiere édition du Cid, composé long-temps après la Sophonisbe:

A de plus hauts partis ce beau fils doit prétendre.

Et dans Cinna:

Vous m'aviez bien promis des conseils d'une femme.

Ainsi, il ne faut pas s'étonner que le style de Mairet, qui nous choque tant aujourd'hui, ne révoltât personne de son temps.

Corneille surpassa Mairet en tout, mais il ne le fit point oublier; & même, quand il voulut

DÉDICATOIRE.

traiter le sujet de Sophonisbe, le Public donna la préférence à l'ancienne Tragédie de Mairet.

Vous avez souvent dit, Monseigneur, la raison de cette préférence ; c'est qu'il y a un grand fond d'intérêt dans la Pièce de Mairet, & aucun dans celle de Corneille. La fin de l'ancienne Sophonisbe est sur-tout admirable : c'est un coup de Théâtre, & le plus beau qui fût alors.

Je crois donc vous présenter un hommage digne de vous, en ressuscitant la mere de toutes les Tragédies Françaises, laissée depuis quatre-vingts ans dans son tombeau.

Ce n'est pas que M. Lantin, en ranimant la Sophonisbe, lui ait laissé tous ses traits ; mais enfin le fond est entierement conservé. On y voit l'ancien amour de Massinisse & de la Veuve de Siphax ; la Lettre écrite par cette Carthaginoise à Massinisse ; la douleur de Siphax, sa mort ; tout le caractère de Scipion, la même catastrophe, & sur-tout point d'épisode, point de rivale de Sophonisbe, point d'amour étranger dans la Pièce.

Je ne sais pourquoi M. Lantin n'a pas laissé subsister ce Vers qui était autrefois dans la bouche de toute la Cour :

Sophonisbe en un jour voit, aime & se marie.

Il tient, à la vérité, de cette naïveté comique dont je vous ai parlé; mais il est énergique, & il était consacré. On l'a retranché probablement parce qu'en effet il n'était pas vrai que Massinisse n'eût aimé Sophonisbe que le jour de la prise de Cirthe. Il l'avait aimée éperduement long-tems auparavant; & un amour d'un moment n'intéresse jamais : aussi c'est Scipion qui prononçait ce Vers, & Scipion était mal informé.

Quoi qu'il en soit, c'est à vous, Monseigneur, & à vos amis, à décider si cette premiere Tragédie réguliere qui ait paru sur le Théâtre de la France, mérite d'y remonter encore. Elle fit les délices de cette illustre Maison de Montmorency; c'est dans son Hôtel qu'elle fut faite, c'est la premiere Tragédie qui fut représentée devant Louis XIII. Messieurs les premiers Gentilhommes de la Chambre, qui dirigent les Spectacles de la Cour, peuvent protéger ce premier monument de la gloire littéraire de la France, & se faire un plaisir de voir nos ruines réparées.

Le cinquiéme Acte est trop court; mais le cinquiéme

quiéme d'Athalie n'est pas beaucoup plus long. Et, d'ailleurs, peut-être vaut-il mieux avoir à se plaindre du peu que du trop. Peut-être la coutume de remplir tous les Actes de trois à quatre cents Vers entraîne-t-elle des langueurs & des inutilités?

Enfin, si on trouve qu'on puisse ajoûter quelque ornement à cet ancien Ouvrage, vous avez en France plus d'un génie naissant qui peut contribuer à décorer un monument respectable qui doit être cher à la Nation.

La réparation qu'on y a faite est déja fort ancienne elle-même, puisqu'il y a plus de cinquante ans que M. Lantin est mort.

Je ne garantis pas (tout Éditeur que je suis) qu'il ait réussi dans tous les points; je pourrais même prévoir qu'on lui reprochera de s'être trop écarté de son original; mais je dois vous en laisser le jugement.

Comme M. Lantin a retouché la Sophonisbe de Mairet, on pourra retoucher celle de M. Lantin. La même plume qui a corrigé le Venceslas pourrait faire revivre aussi la Sophonisbe de Corneille, dont le fond est très-inférieur à celle de Mairet, mais

ÉPITRE

dont on pourrait tirer de grandes beautés.

Nous avons des jeunes gens qui font très-bien des Vers sur des sujets assez inutiles. Ne pourrait-on pas employer leurs talens à soutenir l'honneur du Théâtre Français, en corrigeant Agésilas, Attila, Suréna, Othon, Pulchérie, Pertharite, Œdipe, Médée, Don Sanche d'Arragon, la Toison d'Or, Andromède; enfin tant de Pièces de Corneille tombées dans un plus grand oubli que Sophonisbe, & qui ne furent jamais lûes de personne après leur chûte. Il n'y a pas jusqu'à Théodore qui ne pût être retouchée avec succès, en retranchant la prostitution de cette Héroïne dans un mauvais lieu. On pourrait même refaire quelques Scènes de Pompée, de Sertorius, des Horaces, & en retrancher d'autres, comme on a retranché entierement les rôles de Livie & de l'Infante dans ses meilleures Pièces: ce serait à la fois rendre service à la mémoire de Corneille, & à la Scène Française, qui reprendrait une nouvelle vie. Cette entreprise serait digne de votre protection, & même de celle du Ministère.

Nous avons plus d'une ancienne Pièce, qui étant

corrigée, pourrait aller à la postérité. J'ose croire que l'Astrale de Quinaut, le Scévole de Durier, l'Amour tyrannique de Scudéry, bien rétablis au Théâtre, pourraient faire de prodigieux effets.

Le Théâtre est, de tous les Arts cultivés en France, celui qui, du consentement de tous les Etrangers, fait le plus d'honneur à notre patrie. Les Italiens sont encore nos Maîtres en Musique, en Peinture ; les Anglais en Philosophie ; mais dans l'Art des Sophocles, nous n'avons point de rivaux. Il est donc essentiel de protéger les talens par lesquels les Français sont au-dessus de tous les Peuples. Les sujets commencent à s'épuiser ; il faut donc remettre sur la Scène tous ceux qui ont été manqués, & dont il est aisé de tirer un grand parti.

Je soumets, comme je le dois, à vos lumieres ces réflexions que mon zèle patriotique m'a dictées.

J'ai l'honneur d'être avec respect, &c.

PERSONNAGES.

SCIPION, Consul.
LÉLIE, Lieutenant de Scipion.
SIPHAX, Roi de Numidie.
SOPHONISBE, Fille d'Asdrubal, femme de Siphax.
MASSINISSE, Roi d'une partie de la Numidie.
ACTOR, attaché à Siphax & à Sophonisbe.
ALAMAR, Officier de Siphax.
PHÆDIME, Dame Numide attachée à Sophonisbe.
SOLDATS ROMAINS.
SOLDATS NUMIDES.
LICTEURS.

La Scène est à Cirthe, dans une Salle du Château, depuis le commencement jusqu'à la fin.

SOPHONISBE,

SOPHONISBE,
TRAGÉDIE.

ACTE PREMIER.

SCENE PREMIERE.

SIPHAX, *une Lettre à la main*,
SOLDATS.

SIPHAX.

SE peut-il qu'à ce point l'ingrate me trahisse !
Sophonisbe ! ma femme ! écrire à Massinisse !
A l'ami des Romains ! Que dis-je ? à mon rival !
Au déserteur heureux du parti d'Annibal,
Qui me poursuit dans Cirthe, & qui bien-tôt peut-être
De mon trône usurpé sera l'indigne Maître !

A

J'ai vécu trop long-temps. — O vieillesse ! ô destins !
Ah ! que nos derniers jours sont rarement sereins !
Que tout sert à ternir notre grandeur premiere,
Et qu'avec amertume on finit sa carriere !
A mes sujets lassés ma vie est un fardeau,
On insulte à mon âge, on ouvre mon tombeau.
Lâches ! j'y descendrai, mais non pas sans vengeance.
(*Aux Soldats.*)
Que la Reine à l'instant paraisse en ma présence.

      (*Il s'assied, & lit la Lettre.*)

Qu'on l'amene, vous dis-je. — Époux infortuné,
Vieux Soldat qu'on trahit, Monarque abandonné,
Quel fruit peux-tu tirer de ta fureur jalouse ?
Seras-tu moins à plaindre en perdant ton Épouse ?
Cet objet criminel à tes pieds immolé,
Raffermira-t-il mieux ton Empire ébranlé ?
Dans la mort d'une femme est-il donc quelque gloire ?
Est-ce là tout l'honneur qui reste à ta mémoire ?
Venge-toi d'un rival, venge-toi des Romains ;
Ranime dans leur sang tes languissantes mains :
Va finir sur la brèche un destin qui t'accable.
Qu'on te trahisse ou non, ta mort est honorable.
Et l'on dira du moins, en respectant mon nom,
Il mourut en soldat des mains de Scipion.

SCENE II.

SIPHAX, SOPHONISBE, PHÆDIME.

SOPHONISBE.

Que voulez-vous, Siphax, & quelle tyrannie
Traîne ici votre épouse avec ignominie ?
Vos Numides tremblants, courageux contre moi,
Pour la premiere fois ont bien servi leur Roi !
A votre ordre suprême ils ont été dociles,
Peut-être sur nos murs ils seraient plus utiles.
Mais vous les employez dans votre tribunal
A conduire à vos pieds la nièce d'Annibal !
Je conçois leur valeur, & je lui rends justice.
Quel est mon crime enfin ? quel sera mon supplice ?

SIPHAX, *lui donnant la Lettre.*

Connaissez votre seing. Rougissez & tremblez.

SOPHONISBE.

Dans les malheurs communs qui nous ont désolés
J'ai frémi, j'ai pleuré de voir la Numidie
Aux fiers brigands du Tibre en deux mois asservie.
Scipion, Massinisse, ont gagné des combats ;
J'en ai rougi, Seigneur, & je ne tremble pas.

SIPHAX.

Perfide !

SOPHONISBE.

Épargnez-moi cette injure odieuse,

Pour vous, pour votre femme également honteuse.
Nos murs sont assiégés ; vous n'avez plus d'appui ;
Et le dernier assaut se prépare aujourd'hui.
J'écris à Massinisse en cette conjoncture,
Je rappelle à son cœur les droits de la nature,
Les nœuds trop oubliés du sang qui nous unit ;
Seigneur, si vous l'osez, condamnez cet écrit.
[*Elle lit.*]

. . . .

„ Vous servez des Romains, vous secondez leurs armes,
„ Et vous désespérez vos parents malheureux.
„ Méritez vos succès en étant généreux :
„ C'est trop faire couler & le sang & les larmes.
 Eh bien ! ai-je trahi ma Ville & mon époux ?
Est-il temps d'écouter des sentiments jaloux ?
Répondez : quel reproche avez-vous à me faire ?
La fortune, en tout temps à tous deux trop sévère,
A mis, pour mon malheur, ma Lettre en votre main.
Quel en était le but ? quel était mon dessein ?
Pouvez-vous l'ignorer & faut-il vous l'apprendre ?
Si la Ville aujourd'hui n'est pas réduite en cendre,
S'il est quelque ressource à nos calamités,
Sur ces murs tout sanglants je marche à vos côtés.
Aux yeux de Scipion, de Massinisse même,
Ma main joint des lauriers à votre diadême,
Elle combat pour vous ; & sur ce mur fatal
Elle arbore avec vous l'étendart d'Annibal.
Et si jusqu'à la fin le Ciel vous abandonne,
Si vous êtes vaincu, je veux qu'on vous pardonne.

SIPHAX.

Qu'on me pardonne ! A moi ? De ce dernier affront

TRAGÉDIE.

Votre indigne pitié voulait couvrir mon front !
Et, portant à ce point votre insultante audace,
C'est donc pour votre Roi que vous demandez grace ?
Allez, peut-être un jour vos funestes appas
L'imploreront pour vous, & ne l'obtiendront pas.
Massinisse, en tout temps mon fatal adversaire,
Et mon rival en tout, se flatta de vous plaire ;
Il m'osa disputer mon trône & votre cœur ;
C'est trahir notre hymen, votre foi, mon honneur,
Que de vous souvenir de son feu téméraire.
Vos soins injurieux redoublent ma colère ;
Et ce fatal aveu dont je me sens confus,
A mes yeux indignés n'est qu'un crime de plus.

SOPHONISBE.

Seigneur, je ne veux point, dans l'état où vous êtes,
Fatiguer vos chagrins de plaintes indiscrettes.
Mais vos maux sont les miens ; qu'ils puissent vous toucher.
Ce n'est pas mon époux qui me doit reprocher
De l'avoir préféré (non sans quelque courage)
Au Vainqueur de l'Afrique, au Vainqueur de Carthage ;
D'avoir tout oublié pour suivre votre sort,
Et d'attendre avec vous l'esclavage ou la mort.
Massinisse m'aimait & j'aimais ma patrie.
Je vous donnai ma main, prenez encor ma vie.
Mais si je suis coupable en implorant pour vous
Le Vainqueur irrité dont vous êtes jaloux,
Si j'ai voulu fléchir sa colère implacable,
Si je veux vous sauver —— la faute est excusable.
Vous avez, croyez-moi, des soins plus importants.
Bannissez des soupçons, partage des amants,
Des cœurs efféminés dont l'oisive mollesse

A iij

Ne connaît d'intérêts que ceux de leur tendresse.
Un soin bien différent nous occupe en ce jour ;
Il s'agit de la vie, & non pas de l'amour.
Il n'est pas fait pour nous. Ecoutez, le temps presse.
Tandis que vos soupçons accusent ma faiblesse,
Tandis que nous parlons, la mort est en ces lieux.

SIPHAX.

Je vais donc la chercher : je vais loin de vos yeux
Éteindre dans mon sang ma vie & mon outrage.
J'ai tout perdu ; les Dieux m'ont laissé mon courage.
Cessez de prendre soin de la fin de mes jours.
Carthage m'a promis un plus noble secours ;
Je l'attends à toute heure, il peut venir encore ;
Ce n'est pas mon rival qu'il faudra que j'implore.
Ne craignez rien pour moi : je sais sauver mes mains
Des fers de Massinisse, & des fers des Romains.
Sachez qu'un autre époux, & sur-tout un Numide
Ne mourrait qu'en frappant le cœur d'une perfide.
Vous l'êtes : j'ai des yeux. Le fond de votre cœur,
Quoi que vous en disiez, était pour mon vainqueur.
Je n'ai point, Sophonisbe, exigé de votre ame
Les dehors affectés d'une inutile flamme.
L'amour auprès de vous ne guida point mes pas ;
Je voulais un vrai zèle —— & vous n'en avez pas.
Mais je sais mourir seul ; & ma derniere épée
D'un sang que j'ai chéri ne sera point trempée.
Tremblez que les Romains, plus barbares que moi,
Ne recherchent sur vous le sang de votre Roi.
Redoutez nos tyrans, & jusqu'à Massinisse.
Si leurs bras sont armés, c'est pour votre supplice.
C'est le sang d'Annibal que leur haîne poursuit.
Ce jour est pour tous deux le dernier qui nous luit.
Je prodigue avec joie un vain reste de vie ;

Je péris glorieux, — & vous mourrez punie.
Vous n'aurez en tombant que la honte & l'horreur
D'avoir prié pour moi mon fatal oppresseur.
Je cours aux murs sanglants que ses armes détruisent.
Laissez-moi, fuyez-moi ; vos remords me suffisent.

SOPHONISBE.

Non, Seigneur, malgré vous je marche sur vos pas ;
Vous m'accablez en vain, je ne vous quitte pas.
Je cherche autant que vous une mort glorieuse :
Vos malheureux soupçons la rendraient trop honteuse.
Je vous suis.

SIPHAX.

Demeurez, je l'ordonne : je pars ;
Le sang de votre époux ne veut point vos regards.

[*Il sort.*]

SCENE III.

SOPHONISBE, PHÆDIME.

SOPHONISBE.

AH ! Phædime !

PHÆDIME.

Il vous laisse & vous devez tout craindre.
Je vous vois tous les deux également à plaindre.
Mais Siphax est injuste.

SOPHONISBE.

Il sort, il a laissé
Dans ce cœur éperdu le trait qui l'a blessé.

J'ai cru, quand il parlait à sa femme éplorée,
Quand il me présageait une mort assurée,
J'ai cru, je te l'avoue, entendre un Dieu vengeur,
Dévoilant l'avenir & lisant dans mon cœur,
Prononcer contre moi l'arrêt irrévocable
Qui dévoue au supplice une tête coupable.

PHÆDIME.

Vous coupable ! Il l'était d'oublier aujourd'hui
Tout ce que Sophonisbe osa faire pour lui.

SOPHONISBE.

J'ai tout fait. Cependant il m'a dit vrai, Phædime.
Dans les plis de mon ame il a cherché mon crime ;
Il l'a trouvé peut-être ; & ce triste entretien
Ne m'annonce que trop son désastre & le mien.

PHÆDIME.

Son malheur l'aigrissait ; il vous rendra justice.
Sa haine contre Rome & contre Massinisse
Empoisonnait son cœur déja trop soupçonneux.
Lui-même en rougira, s'il est moins malheureux.
Il voit la mort de près ; & l'esprit le plus ferme
Peut se sentir troublé quand il touche à ce terme.
Mais si quelque succès secondait sa valeur,
Si du fier Scipion, Siphax était vainqueur,
Vous verriez aisément son amitié renaître.
Il doit vous respecter, puisqu'il doit vous connaître.
Vos charmes sur son cœur ont été trop puissants ;
Ils le seront toujours.

SOPHONISBE.

Phædime, il n'est plus tems.
Je vois de tous les deux la destinée affreuse :
Il s'avance au trépas.——Je suis plus malheureuse

TRAGÉDIE.

PHÆDIME.

Espérez.

SOPHONISBE.

J'ai perdu mes états, mon repos,
L'estime d'un époux, & l'amour d'un Héros.
Je suis déja captive, & dans ce jour peut-être
Il faut tendre les mains aux fers d'un nouveau Maître,
Et recevoir des loix d'un amant indigné,
Qui m'eut rendue heureuse — & que j'ai dédaigné.
Quand ce fier Massinisse, oppresseur de Carthage,
Me présentait dans Cirthe un séduisant hommage,
Tu sais que j'étouffai, dans mon secret ennui,
L'intérêt & le sang qui me parlaient pour lui.
Te dirai-je encor plus ? j'étouffai l'amour même :
Je soutins contre moi l'honneur du diadême.
Je demeurai fidelle à mon pere Asdrubal,
A Carthage, à Siphax, aux destins d'Annibal.
L'amour fuit de mon ame aux cris de ma patrie.
D'un amant irrité je bravai la furie.
Un front cicatrisé par la guerre & le tems
Éffarouchait en vain mon cœur & mes beaux ans.
L'ennemi des Romains obtint la préférence.
   Massinisse revient armé de la vengeance ;
Il entre en nos États, la Victoire le suit ;
Aidé de Scipion son bras a tout détruit :
Dans Cirthe ensanglantée un foible mur nous reste.
   A quels Dieux recourir dans ce péril funeste ?
Etait-ce un si grand crime, était-il si honteux
D'avoir cru Massinisse & noble, & généreux ?
D'avoir pour mon époux imploré sa clémence ?
Dans mon illusion j'avais quelque espérance,
Ma priere & mes pleurs auraient pu le flatter.

Mais il ne saura pas ce que j'osais tenter;
Et, pour unique fruit d'un soin trop magnanime,
Mon époux me condamne, & mon amant m'opprime.
Tous deux sont contre moi, tous deux réglent mon sort;
Et je n'attends ici que l'opprobre ou la mort.

SCENE IV.

SOPHONISBE, PHÆDIME, ACTOR.

ACTOR.

REine, dans ce moment le secours de Carthage
Sous nos remparts sanglants s'est ouvert un passage.
On est aux mains. Ces lieux qui retenaient vos pas
Sont trop près du carnage, & du champ des combats.
Le Roi, couvert de sang, m'ordonne de vous dire
Que loin de ce palais vous vous laissiez conduire.
J'obéis.

SOPHONISBE.

Je vous suis, Actor; vous lui direz
Que ses ordres pour moi seront toujours sacrés;
Mais que, dans les moments où le combat s'engage,
M'éloigner du danger, c'est trop me faire outrage.
Que deviendrai-je? Ciel! & quel est son dessein?
Suis-je ici prisonniere? ô rigueurs! ô destin!
Que me préparez-vous dans ce jour de vengeance?
Le Ciel me ravit tout, & jusqu'à l'espérance.

ACTE II.

SCENE PREMIERE.
SOPHONISBE, PHÆDIME.

PHÆDIME.

Quel tumulte effroyable au loin se fait entendre?
Quels feux sont allumés? la Ville est-elle en cendre?
Ceux qui veillaient sur vous se sont tous écartés.
Dans ces Sallons déserts, ouverts de tous côtés,
Il ne vous reste plus que des femmes tremblantes,
Aux pieds des ces autels avec moi gémissantes.
Nous rappellons en vain par nos cris, par nos pleurs,
Des Dieux qui sont passés dans le camp des vainqueurs.

SOPHONISBE.

Leurs plaintes, leurs douleurs ont amolli mon ame.
Tous mes sens sont troublés; je sens que je suis femme.
Ce moment effrayant m'accable ainsi que toi.
Le sang que vingt Héros ont transmis jusqu'à moi
Dégénère aujourd'hui dans mes veines glacées;
Le désordre & la crainte agitent mes pensées.

J'ai voulu pénétrer dans ces sombres détours
Qui du pied du palais conduisent à nos tours :
Tout est fermé pour moi. Je marchais égarée,
L'ombre de mon époux à mes yeux s'est montrée,
Pâle, sanglante, horrible, & l'air plus furieux
Que lorsque son courroux m'outrageait à tes yeux.
Est-ce une illusion sur mes sens répandue ?
Est-ce la main des Dieux sur ma tête étendue,
Un présage, un arrêt de l'enfer & du sort ?
Siphax en ce moment est-il vivant ou mort ?
J'ai fui d'un pas tremblant, éperdue, éplorée.
Je ne sais où j'étais, quand je t'ai rencontrée ;
Je ne sais où je vais. Tout m'allarme & me nuit,
Et je crois voir encore un Dieu qui me poursuit.
Que veux-tu, Dieu cruel ? Euménide implacable,
Frappe, voilà mon cœur : —— il n'était point coupable.
Tu n'y peux découvrir qu'un malheureux amour,
Vaincu dès sa naissance & banni sans retour.
Je n'offensai jamais l'hymen & la nature.
Grand Dieu ! tu peux frapper ; —— va, ta victime est pure.

PHÆDIME.

Ah ! nous allons du Ciel savoir les volontés.
Déja d'un bruit nouveau dans ces murs désertés,
Jusqu'à notre prison les voûtes retentissent,
Et sous leurs gonds d'airain les portes en mugissent.——
On entre, on vient à vous : —— je reconnais Actor.

TRAGÉDIE.

SCENE II.
SOPHONISBE, PHÆDIME, ACTOR.

SOPHONISBE.

Ministre de mon Roi, qui vous amène encor?
Qu'a-t-on fait? que deviens-je? & de quelles nouvelles
Venez vous m'affliger?

ACTOR.
Elles font bien cruelles.
Par l'ordre de Siphax, à l'abri de ces tours,
A peine en sûreté j'avais mis vos beaux jours,
Et j'avais refermé la barriere sacrée,
Par qui, de ce Palais, la ville est séparée ;
J'ai revolé soudain vers ce Roi malheureux,
Digne d'un meilleur sort, & digne de vos vœux;
Son courage, aussi grand qu'il était inutile,
D'un effort passager soutint son bras débile.
Sur la brèche à la fin, de cent coups renversé,
Dans ses débris sanglants il tombe terrassé.
Il meurt.

SOPHONISBE.
Ah! je devais, plus que lui poursuivie,
Tomber à ses côtés, ainsi que ma patrie.
Il ne l'a pas voulu.

ACTOR.
Si dans un tel malheur
Quelque soulagement reste à notre douleur,

Daignez apprendre au moins combien, dans sa victoire,
Le jeune Massinisse a mérité de gloire.
Qui croirait qu'un Héros si fier, si redouté,
Dont l'Afrique a tant craint le courage emporté,
Et dont l'esprit superbe a tant de violence,
Dans l'horreur du combat aurait tant de clémence?
A peine il s'est vu maître, il nous a pardonné.
De blessés, de mourants, de morts environné,
Il a donné soudain, de sa main triomphante,
Le signal de la paix au sein de l'épouvante.
Le carnage & la mort s'arrêtent à sa voix.
Le peuple encor tremblant lui demande des loix,
Tant le cœur des humains change avec la fortune.

SOPHONISBE.

Le Ciel semble adoucir la misere commune,
Puisqu'au moins le pouvoir est remis dans les mains
D'un Prince de ma race, & non pas des Romains.

ACTOR.

Le juste & premier soin de l'heureux Massinisse
Est d'appaiser les Dieux par un prompt sacrifice;
De dresser un bucher à votre auguste époux.
Il garde obstinément le silence sur vous;
Mais dès que j'ai paru, Madame, en sa présence,
Il s'est ressouvenu qu'autrefois son enfance
Fut remise en mes mains dans ces murs, dans ces lieux
Où ce Prince aujourd'hui rentre en victorieux.
Il m'a fait appeller; & respectant mon zèle
Au malheureux Siphax en tous les tems fidèle,
Il m'a comblé d'honneurs. Ayez, dit-il, pour moi
Cette même amitié qui servit votre Roi.
Enfin, à Siphax même il a donné des larmes.
Il justifie en tout le succès de ses armes.

TRAGÉDIE.

Il répand des bienfaits, s'il fait des malheureux.
SOPHONISBE.
Plus Massinisse est grand, plus mon sort est affreux.
Quoi ! les Carthaginois que je crus invincibles,
Sous les chefs de ma race à Rome si terribles,
Qui jusqu'au Capitole avaient porté leurs pas,
Ont paru devant Cirthe, & ne la sauvent pas !
ACTOR.
Scipion les a joints ; il ne sont plus.
SOPHONISBE.
       Carthage,
Tu seras comme moi réduite à l'esclavage.
Nous périrons ensemble. —— ô Cirthe ! ô mon époux !
Afrique, Asie, Europe, immolés avec nous !
Le sort des Scipions est donc de tout détruire !
ACTOR.
Annibal vit encor.
SOPHONISBE.
    Ah ! tout sert à me nuire.
Annibal est trop loin. Je suis esclave.
ACTOR.
        O Dieux !
Fléchissez Massinisse. —— Il avance en ces lieux.
Il vient suivi des siens :—— il vous cherche peut-être.
SOPHONISBE.
Mes yeux, mes tristes yeux ne verront point un Maître.
Ils pleureront Siphax, & nos murs abattus,
Et ma gloire passée, & tous mes Dieux vaincus.
        (*Elle sort.*)

SOPHONISBE,

SCENE III.

MASSINISSE, ALAMAR, un des Chefs Numides, **ACTOR**, Guerriers Numides.

MASSINISSE.

Actor, je vous revois, dans ce jour si prospère,
Avec les yeux d'un fils qui retrouve son pere.
Je vous prends à témoin si l'inhumanité
A souillé ma victoire & ma félicité;
Si, triste imitateur des vengeances romaines,
J'ai parlé de tributs, de triomphes, de chaînes;
De guerriers généreux par la mort épargnés,
Comme de vils troupeaux à mon char enchaînés,
A Jupiter Stateur offerts en sacrifice,
Et dans d'affreux cachots gardés pour le supplice.

Je viens dans mon pays, & j'y reprends mon bien,
En soldat, en Monarque, & plus en citoyen.
Je ramène avec moi la liberté Numide.
D'où vient que Sophonisbe, orgueilleuse ou timide,
Refusant seule ici d'accueillir un vainqueur,
Craint toujours Massinisse, & fuit avec horreur?
Suis-je un Romain?

ACTOR.

Seigneur, on la verra sans doute
Révérer avec nous la main qu'elle redoute.
Mais vous sayez assez tout ce qu'elle a perdu.

Le

Le sang de son époux est par vous répandu,
Et n'osant regarder son vainqueur & son juge,
Aux pieds des Immortels elle cherche un refuge.
MASSINISSE.
Ils l'ont mal défendue : &, pour vous dire plus,
Ils l'ont mal inspirée, alors que ses refus,
Ses outrages honteux au sang de Massinisse,
Sous ses pas égarés creusaient ce précipice :
Elle y tombe, elle en doit accuser son erreur.
Ah! c'est bien malgré moi qu'elle a fait son malheur.
Allez, & dites-lui qu'il est peu de prudence
A dédaigner un Maître, à braver sa puissance.
(Actor sort.)

(A ses guerriers.)
Eh bien! nobles guerriers, chers appuis de mes droits,
Cirthe est elle tranquile ? a-t-on suivi mes loix ?
Un seul des Citoyens aurait-il à se plaindre ?
ALAMAR.
Sous votre loi, Seigneur, ils n'auraient rien à craindre;
Mais on craint les Romains, ces cruels conquérants,
De tant de Nations ces illustres tyrans,
Descendans prétendus du grand Dieu de la guerre,
Qui pensent être nés pour asservir la terre.
On dit que Scipion veut s'arroger le prix
De tant d'heureux travaux par vos mains entrepris;
Qu'il veut seul commander.
MASSINISSE.
    Qui ? lui ! dans mon partage,
Dans Cirthe mon pays, mon premier héritage !
Lui, mon ami, mon guide, & qui m'a tout promis !
ALAMAR.
Lorsque Rome à parlé, les Rois n'ont plus d'amis.

B

MASSINISSE.

Nous verrons; j'ai vaincu, je suis dans mon Empire,
Je régne, & je suis las, puisqu'il faut vous le dire,
Des hauteurs d'un Sénat qui croit me protéger,
Sur son fier tribunal assis pour me juger:.
C'en est trop.

ALAMAR.

Cependant, nous devons vous apprendre
Qu'au milieu des débris, des remparts mis en cendre,
Au lieu même où Siphax est mort en combattant,
Nous avons retrouvé ce billet tout sanglant,
Qui peut-être aujourd'hui fut écrit pour vous-même.

MASSINISSE.

Donnez. — Ah! qu'ai-je lu? — Ciel! ô surprise extrême!
Sophonisbe à ma gloire enfin se confiait!
A fléchir son amant sa fierté se pliait!
Elle a connu mon ame, elle a vaincu la sienne.
Ses yeux se sont ouverts; & sa fatale haîne,
Que je vis si long-tems contre moi s'obstiner,
Me croiait assez grand pour savoir pardonner!
Épouse de Siphax, tu m'as rendu justice.
Ta Lettre a mis le comble à mon destin propice.
Ta main ceignait mon front de ce laurier nouveau.
Romains, vous n'avez point de triomphe plus beau. —
Courons vers Sophonisbe. — Ah! je la vois paraître.

SCENE IV.

SOPHONISBE, MASSINISSE, PHÆDIME, GARDES.

SOPHONISBE.

Si le sort eût voulu qu'un Romain fût mon Maître ;
Si j'eusse été réduite en un tel abandon,
Qu'il m'eût fallu prier Lélie ou Scipion,
La veuve d'un Monarque, à sa gloire fidelle,
Aurait choisi cent fois la mort la plus cruelle,
Plutôt que de forcer ma bouche à le fléchir.
Seigneur, à vos genoux je tombe sans rougir.

(Massinisse l'empêche de se jetter à genoux.)

Ne me retenez point, & laissez mon courage
S'honorer de vous rendre un légitime hommage ;
Non pas à vos succès, non pas à la terreur
Qui marchait devant vous, que suivait la fureur,
Et qui vous a donné cette grande victoire ;
Mais au cœur généreux si digne de sa gloire,
Qui, de ses ennemis respectant la vertu,
A plaint son rival même, a fait ce que j'ai dû ;
Du malheureux Siphax a recueilli la cendre ;
Qui partage les pleurs que sa main fait répandre ;
Qui soumet les vaincus à force de bienfaits ;
Et dont j'aurais voulu ne me plaindre jamais.

MASSINISSE.

C'est vous, auguste Reine, en tout temps révérée,

Qui m'avez du devoir tracé la loi sacrée ;
Et je conserverai jusqu'au dernier moment
De vos nobles leçons ce digne monument.
La Lettre que tantôt vous m'aviez adressée,
Par la faveur des Dieux sur la brèche laissée,
Remise en mon pouvoir, est plus chere à mon cœur
Que le bandeau des Rois, & le nom de vainqueur.
SOPHONISBE.
Quoi ! Seigneur, jusqu'à vous ma Lettre est parvenue !
Et par tant de bontés vous m'aviez prévenue !
MASSINISSE.
J'ai voulu désarmer votre injuste courroux.
SOPHONISBE.
Je n'ai plus qu'une grace à prétendre de vous.
MASSINISSE.
Parlez.
SOPHONISBE.
Je la demande au nom de ma patrie,
Du sang de mon époux, qui s'éleve & qui crie,
De votre honneur sur-tout, & des Rois nos aïeux,
Qui parlent par ma voix, & vivent dans nous deux.]
Jurez-moi seulement de ne jamais permettre
Qu'au pouvoir des Romains on ose me remettre.
MASSINISSE.
Je le jure par vous, pour vous dire encor plus :
Sophonisbe n'est pas au nombre des vaincus.
Je commande dans Cirthe, & c'est assez vous dire
Que les Romains sur vous n'ont point ici d'empire.
SOPHONISBE.
En vous le demandant je n'en ai point douté.
MASSINISSE.
Je sais qu'ils sont jaloux de leur autorité ;

TRAGÉDIE.

Mais ils n'auront jamais l'audace téméraire
D'outrager un ami qui leur est nécessaire.
Allez, ne croyez pas qu'ils puissent m'avilir.
Je saurai les braver, si j'ai su les servir.
Ils vous respecteront ; vos frayeurs sont injustes.
Vous avez attesté tous ces mânes augustes,
Tous ces Rois dont le sang, dans nos veines transmis,
S'indigna si long-tems de nous voir ennemis.
Je les prends à témoin, & c'est pour vous apprendre
Que j'ai pu comme vous mériter d'en descendre.
La nièce d'Annibal, & la veuve d'un Roi,
N'est captive en ces lieux des Romains ni de moi.
Mon front en rougirait. Je sais que cet usage,
Est consacré dans Rome & commun dans Carthage.
Il finirait pour vous, si je l'avais suivi.
Le sang dont vous sortez n'aura jamais servi.
Ce front n'était formé que pour le diadême.
  Gardez dans ce Palais l'honneur du rang suprême.
Ne pensez pas sur-tout qu'en ces tristes moments,
Mon cœur laisse éclater ses premiers sentiments.
Je n'en rappelle point la déplorable histoire ;
Je sais trop respecter vos malheurs & ma gloire ;
Ne regardez en moi qu'un vainqueur à vos pieds.
Madame, il me suffit que vous me connaissiez.
Vous me rendrez justice, & c'est ma récompense.
  A mes nouveaux sujets je cours en diligence
Leur annoncer un bien qu'ils semblent demander,
Et que déja leur Maître eût dû leur accorder.
Ils vont renouveller leur hommage à leur Reine.
Sophonisbe en tous lieux est toujours souveraine.

B iij

SCENE V.
SOPHONISBE, PHÆDIME.
SOPHONISBE.

JE demeure interdite. Un si grand changement
A saisi mes esprits d'un long étonnement.
Que je l'ai mal connu ! —— Faut-il qu'un si grand homme
Ait détruit mon païs & qu'il ait servi Rome !
Tous mes sens sont ravis ; mais ils sont effrayés.
Scipion dans nos murs, Massinisse à mes pieds,
Sophonisbe en un jour captive & triomphante,
L'ombre de mon époux terrible & menaçante,
Le comble des horreurs & des prospérités,
Les fers, le diadême à mes yeux présentés ;
Ce rapide torrent de fortunes contraires
Me laisse encor douter de mes destins prospères.

PHÆDIME.

Ah ! croyez-en du moins le pouvoir de vos yeux.
S'il respecte dans vous le nom de vos aïeux,
S'il dépose à vos pieds l'orgueil de sa conquête,
Et les lauriers sanglants qui couronnent sa tête,
Peut-être un seul regard a plus fait sur son cœur
Que toutes les vertus, l'alliance & l'honneur.
Mais ces vertus enfin que dans Cirthe on admire,
Qui sur tous les esprits lui donnent tant d'empire,
Autorisent les feux que vous vous reprochiez.
La gloire qui le suit les a justifiés.

TRAGÉDIE.

Non, ce n'est pas assez que dans Cirthe étonnée
Vous viviez sous le nom de Reine détrônée,
Qu'on vous laisse un vain titre, & qu'un bandeau Roïal
D'un front chargé d'ennuis soit l'ornement fatal.
La pitié peut donner ces honneurs inutiles,
D'un malheur véritable amusements stériles.
L'amour ira plus loin ; j'ose vous en flatter.
Siphax est au tombeau....

SOPHONISBE.
                Cesse de m'insulter ;
Ne me présente point ce qui me déshonore :
Tu parles à sa veuve, & son sang fume encore.
Son ombre me menace. Un pareil souvenir
L'appelle à la vengeance & l'invite à punir.
Phædime, il faut enfin t'ouvrir toute mon ame ;
Oui, je t'ai fait l'aveu de ma fatale flamme ;
Oui, ce feu, si long-temps dans mon sein renfermé,
S'est avec violence aujourd'hui rallumé.
Peut-être on m'aime encore ; & j'oserais le croire ;
Je pourrais me flatter d'une telle victoire.
Tu me verrais goûter ce suprême bonheur
De partager son trône & d'avoir tout son cœur.
Ma flamme déclarée, & si long-temps secrette,
Ma gloire en sûreté, ma fierté satisfaite,
Massinisse en mes bras serait d'un plus grand prix
Que l'Empire du monde aux Romains tant promis.
Mais je vais, s'il se peut, t'étonner davantage.
Malgré l'illusion d'un si cher avantage,
Et malgré tout l'amour dont je ressens les coups,
Massinisse jamais ne sera mon époux.

PHÆDIME.
Et pourquoi, s'il le veut ?

SCENE VI.
SOPHONISBE, PHÆDIME, ACTOR.
ACTOR.

Reine, il faut vous apprendre
Qu'un insolent Romain vient ici de se rendre.
On le nomme Lélie : & le bruit se répand
Qu'il est de Scipion le premier Lieutenant.
Sa Suite avec mépris nous insulte & nous brave ;
Des Romains, disent-ils, Sophonisbe est l'esclave.
Leur fierté nous vantait je ne sais quel Sénat,
Des Préteurs, des Tribuns, l'honneur du Consulat,
La majesté de Rome ; &, sans plus les entendre,
Je reviens à vos pieds périr ou vous défendre.

SOPHONISBE.
Brave & fidèle ami, je compte sur ta foi,
Sur les serments sacrés de notre nouveau Roi,
Sur Sophonisbe même ; & ce nouvel orage
Pourra m'ôter la vie, & non pas mon courage.

ACTOR.
Que de maux à la fois accumulés sur nous !

SOPHONISBE.
Actor, quand il le faut, je sais les braver tous.
Siphax à ses côtés, au milieu du carnage,
Aurait vû Sophonisbe égaler son courage.
De ces Romains du moins j'égalerai l'orgueil,
Et je les défierai du bord de mon cercueil.

Fin du second Acte.

ACTE III.

SCENE PREMIERE.

LÉLIE, MASSINISSE, *assis* ; Soldats Romains, Soldats Numides *dans l'enfoncement, divisés en deux Troupes.*

LÉLIE.

Votre ame impatiente était trop allarmée
Des bruits qu'a répandu l'aveugle renommée.
Qu'importe un vain discours du Soldat répété
Dans le sein de l'ivresse & de l'oisiveté ?
Laissons parler le Peuple ; il ne peut rien connaître.
Il veut percer en vain les secrets de son Maître.
Et ceux de Scipion, dans son sein retenus,
Seigneur, avant le temps ne sont jamais connus.

MASSINISSE.

Quelquefois un bruit sourd annonce un grand orage.
Tout aveugle qu'il est, le peuple le présage.
Rien n'est à dédaigner : les publiques rumeurs
Souvent aux Souverains annoncent leurs malheurs.

Je veux approfondir ces discours qu'on méprise.
Expliquez-vous, Lélie, avec cette franchise
Qu'attendent ma conduite & ma sincérité.
Les Romains autrefois aimaient la vérité.
Leur austère vertu, peut-être un peu farouche,
Laissait leur cœur altier d'accord avec leur bouche.
Auraient-ils aujourd'hui l'art de dissimuler ?
Après avoir vaincu n'oseriez-vous parler ?
Que pensez-vous, du moins, que Scipion prétende ?

LÉLIE.

Scipion ne fait rien que Rome ne commande.
Rien qui ne soit prescrit par nos communs Traités.
La justice & la loi règlent ses volontés.
Rome l'a revêtu de son pouvoir suprême.
Il viendra dans ces lieux vous apprendre lui-même
Ce qu'il faut entreprendre ou qu'on peut différer.
Sur vos grands intérêts vous pourrez conférer.
Il vous annoncera ses projets sur l'Afrique.
Vous savez qu'Annibal est déja vers Utique,
Qu'il fuit l'aigle Romaine, & que, dans son païs
De ses Carthaginois ramenant les débris,
Il vient de Scipion défier la fortune.
Cette guerre nouvelle à vous deux est commune.
Nous marcherons ensemble à de nouveaux combats.

MASSINISSE.

De la Reine, Seigneur, vous ne me parlez pas.

LÉLIE.

Je parle d'Annibal ; Sophonisbe est sa nièce,
C'est vous en dire assez.

MASSINISSE.

     Écoutez, le temps presse :

TRAGÉDIE.

Je veux une réponse, & savoir à l'instant
Si sur mes Prisonniers votre pouvoir s'étend.
LÉLIE.
Lieutenant du Consul, je n'ai point sa puissance.
Mais si vous demandez, Seigneur, ce que je pense
Sur le sort des vaincus, sur la loi du combat,
Je crois que leur destin n'appartient qu'au Sénat.
MASSINISSE.
Au Sénat ! Et qui suis-je ?
LÉLIE.
Un Allié, sans doute,
Un Roi digne de nous, qu'on aime & qu'on écoute,
Que Rome favorise, & qui doit accorder
Tout ce que ce Sénat a droit de demander.

[*Il se leve.*]

C'est au seul Scipion de faire le partage.
Il récompensera votre noble courage,
Seigneur, & c'est à vous de recevoir ses loix,
Puisqu'il est notr echef & qu'il commande aux Rois.
MASSINISSE.
Je l'ignorais, Lélie, & ma condescendance
N'avait point reconnu tant de prééminence.
Je pensais être égal à ce grand Citoïen ;
Et j'ai cru que mon nom pouvait valoir le sien.
Je ne m'attendais pas qu'il s'expliquât en Maître.
J'ai d'autres intérêts, & plus pressans, peut-être
Que ceux de disposer du rang des Souverains,
Et d'opposer l'orgueil à l'orgueil des Romains.
Répondez : ose-t-il disposer de la Reine ?
LÉLIE.
Il le doit.
MASSINISSE.
Lui !....

SOPHONISBE,

LÉLIE.
Seigneur, quel transport vous entraîne?
C'est un droit reconnu qu'il nous faut maintenir;
Tout le sang d'Annibal nous doit appartenir.
Vous qui dans les combats brûliez de le répandre,
Quel étrange intérêt pourriez-vous bien y prendre?
Vous de toute sa race éternel ennemi,
Vous du Peuple Romain le vengeur & l'ami?

MASSINISSE.
L'intérêt de mon sang, celui de la justice,
Et l'horreur que je sens d'un pareil sacrifice.
J'entrevois les projets qu'il me cache avec soin.
Mais son ambition pourrait aller plus loin.

LÉLIE.
Seigneur, elle se borne à servir sa patrie.

MASSINISSE.
Dites mieux, à flatter l'infâme barbarie
D'un Peuple qu'Annibal écrasa sous ses pieds.
Si Rome existe encor, c'est par ses Alliés.
Mes secours l'ont sauvée; & dès qu'elle respire,
Sur les Rois, sur moi-même, elle affecte l'Empire;
Elle se fait un jeu dans ses murs fortunés
De prodiguer l'outrage à des fronts couronnés.
Elle met à ce prix sa faveur passagère.
Scipion, qui m'aima, se dément pour lui plaire;
Il me trahit!

LÉLIE.
Seigneur, qui vous a donc changé!
Quoi! vous seriez trahi quand vous seriez vengé!
J'ignore si la Reine, en triomphe menée,
Au char de Scipion doit paraître enchaînée;

Mais en perdrions-nous votre utile amitié ?
C'eſt pour une captive avoir trop de pitié.
MASSINISSE.
Que je la plaigne ou non, je veux qu'on la reſpecte.
La foi Romaine enfin me devient trop ſuſpecte.
De ma protection tout Numide honoré,
En quelque rang qu'il ſoit, doit vous être ſacré.
Et vous inſulteriez une femme, une Reine !
Vous oſeriez charger de votre indigne chaîne
Les mains, les mêmes mains que je viens d'affranchir !
LÉLIE.
Parlez à Scipion, vous pourrez le fléchir.
MASSINISSE.
Le fléchir ! apprenez qu'il eſt une autre voie
De priver les Romains de leur injuſte proie.
Il eſt des droits plus ſaints : Sophonisbe aujourd'hui,
Seigneur, ne dépendra ni de vous ni de lui.
Je l'eſpere, du moins.
LÉLIE.
       Tout ce que je puis dire,
C'eſt que nous ſoutiendrons les droits de notre Empire.
Et vous ne voudrez pas, pour des caprices vains,
Vous priver des bontés qu'ont pour vous les Romains.
Croyez-moi, le Sénat ne fait point d'injuſtices,
Il a d'un digne prix reconnu vos ſervices ;
Il vous chérit encor. Mais craignez qu'un refus
Ne vous attire ici des ordres abſolus.

    [*Il ſort avec les Soldats Romains.*]

SCENE II.

MASSINISSE, ALAMAR, *les Soldats Numides restent au fond de la Scene.*

MASSINISSE.

Des ordres ! vous, Romains ! ingrats dont l'insolence
S'accrût pour mon service avec votre puissance !
Des fers à Sophonisbe ! Et ces mots inouïs,
A peine prononcés, n'ont pas été punis !
Sophonisbe, ah ! du moins écarte cette injure.
Accorde-moi ta main ; ta gloire t'en conjure.
Règne pour être libre, & commande avec moi.
Va, Massinisse enfin sera digne de toi.
Des fers ! Ah ! que je vais réparer cet outrage !
Que j'étais insensé de combattre Carthage !

[*A sa Suite.*]

Approchez, mes amis ; parlez, braves Guerriers,
Verrez-vous dans vos mains flétrir tant de lauriers ?
Vous avez entendu ce discours téméraire.

ALAMAR.

Nous en avons rougi de honte & de colère.
Le joug de ces ingrats ne peut plus se porter.
Sur leur superbe tête il le faut rejetter.

MASSINISSE.

Rome hait tous les Rois, & les croit tyranniques.
Ah ! les plus grands tyrans ce sont les Républiques.
Rome est la plus cruelle.

TRAGÉDIE.

ALAMAR.
          Il est juste, il est temps
D'abattre pour jamais l'orgueil de ses enfans.
L'alliance avec eux n'était que passagère ;
La haîne est éternelle.

MASSINISSE.
          Aveugle en ma colère,
Contre mon propre sang j'ai pu les soutenir !
Si je les ai sauvés, songeons à les punir.
Me seconderez-vous ?

ALAMAR.
          Nous sommes prêts sans doute.
Il n'est rien avec vous qu'un Numide redoute.
Les Romains ont plus d'art, & non plus de valeur ;
Ils savent mieux tromper, & c'est-là leur grandeur ;
Mais nous savons au moins combattre comme eux-mêmes.
Commandez, déployez vos volontés suprêmes.
Ce fameux Scipion n'est pas plus craint de nous,
Que ce faible Siphax abattu sous nos coups.

MASSINISSE.
Écoutez, Annibal est déja dans l'Afrique.
La nouvelle en est sûre, il marche vers Utique.
Pourrions-nous jusqu'à lui nous frayer des chemins ?

ALAMAR.
Nous vous en tracerons dans le sang des Romains.

MASSINISSE.
Enlevons Sophonisbe, arrachons cette proie
Aux brigands insolents qu'un Sénat nous envoie ;
Effaçons dans leur sang le crime trop honteux,
Et le malheur, sur-tout, d'avoir vaincu pour eux.
Annibal n'est pas loin. Croyez que ce grand homme
Peut encore une fois se montrer devant Rome ;

Mais à nos fiers tyrans fermons-en le retour.
Que ces bords Africains, que ce sanglant séjour
Deviennent par vos mains le tombeau de ces traîtres,
Qui, sous le nom d'amis, sont nos barbares Maîtres.
La nuit approche, allez, je viendrai vous guider;
Les vaincus enhardis pourront nous seconder.
Vous savez en ces lieux combien Rome est haïe;
Et tout homme est soldat contre la tyrannie.
Préparez les esprits irrités & jaloux;
Sans leur rien découvrir enflammez leur courroux.
Aux premiers coups portés, aux premieres allarmes,
Au nom de Sophonisbe ils voleront aux armes.
Nos Maîtres prétendus, plongés dans le sommeil,
Verront de tous côtés la mort à leur réveil.

ALAMAR.

Si l'on ne prévient pas cette grande entreprise,
Le succès en est sûr, & tout nous favorise.
Les révolutions, dans ce sanglant séjour,
Chez le fougueux Numide éclatent en un jour.
On les manque à jamais, alors qu'on les diffère.
Chez nous tout est soudain; c'est notre caractère.
Le Romain temporise; & ces tyrans surpris
Pourront être bientôt paiés de leur mépris.

MASSINISSE.

Revolez à mon camp, je vous joins dans une heure;
J'arrache Sophonisbe à sa triste demeure.
Je marche à votre tête; &, s'il vous faut périr,
Vous recevrez de moi l'exemple de mourir.

SCENE

TRAGÉDIE.

SCENE III.
SOPHONISBE, MASSINISSE.

SOPHONISBE.

Seigneur, en tous les tems, par le Ciel poursuivie,
Je vois entre vos mains le destin de ma vie.
Victorieux dans Cirthe, & mon libérateur,
Contre ces fiers Romains deux fois mon protecteur,
Vous avez d'un seul mot écarté les orages
Qui m'entouraient encore après tant de naufrages ;
Et dans ce grand reflux des horreurs de mon sort,
Dans ce jour étonnant de clémence & de mort,
Par vous seul confondue, & par vous rassurée,
J'ai cru que d'un Héros la promesse sacrée,
Ce généreux appui, le seul qui m'est resté,
Me servirait d'égide, & serait respecté.
Je ne m'attendais pas qu'on flétrît votre ouvrage ;
Qu'on osât prononcer le mot de l'esclavage,
Et que je dusse encore, après tant de tourments,
Après tous vos bienfaits réclamer vos serments.

MASSINISSE.

Ne les réclamez point ; ils étaient inutiles,
Je n'en eus pas besoin : vous aurez des asyles,
Que l'orgueil des Romains ne pourra violer ;
Et ce n'est pas à vous désormais à trembler.
Il m'appartenait peu de parler d'hyménée
Dans ce même Palais, dans la même journée

C

Où le sort a voulu que le sang d'un époux,
Répandu par mes mains, rejaillît jusqu'à vous.
Mais la nécessité rompt toutes les barrieres,
Tout se tait à sa voix, ses loix sont les premieres.
La cendre de Siphax ne peut vous accuser.
Vous n'avez qu'un parti ; celui de m'épouser.
Du pied de nos autels au trône remontée,
Sur les bords Africains chérie & redoutée,
Le diadême au front marchez à mon côté ;
Votre sceptre & mon bras sont votre sûreté.

SOPHONISBE.

Ah! que m'avez-vous dit ? — Sophonisbe éperdue
Doit étaler enfin son ame à votre vue. —
J'étais votre ennemie, & l'ai toujours été.
Seigneur, je vous ai fui, je vous ai rebuté ;
Siphax obtint mon choix. Sans consulter son âge,
Je n'acceptai sa main que pour vous faire outrage.
J'encourageai les miens à poursuivre vos jours.
Connaissez donc mon cœur ; — il vous aima toujours.

MASSINISSE.

Est-il possible ? ô Dieux ! vous dont l'ame inhumaine
Fut chez les Africains célèbre par la haîne,
Vous m'aimiez, Sophonisbe ! &, dans ses déplaisirs,
Massinisse accablé vous coûtait des soupirs !

SOPHONISBE.

La fille d'Asdrubal naquit pour se contraindre.
Elle dut vous haïr, ou du moins dut le feindre.
Elle brûlait pour vous. — C'est à vous de juger,
Si le seul des humains qui peut me protèger,
Conquérant généreux, amant toujours fidèle,
Des Héros & des Rois devenu le modèle,
En m'arrachant des fers, & du sein de l'horreur,

TRAGÉDIE. 35.

En me donnant son trône, en me gardant son cœur,
Sur mes sens enchantés conserve un juste empire.
C'est par vous que je vis, pour vous que je respire:
Le bonheur me fuyait, il vient se présenter.
Vous m'offrez votre main : — je ne puis l'accepter.

MASSINISSE.

Et quels Dieux ennemis à vos bontés s'opposent?

SOPHONISBE.

Les Dieux qui de mon sort en tous les tems disposent;
Les Dieux qui d'Annibal ont reçu les serments,
Quand au pied des autels, en ses plus jeunes ans,
Il jurait aux Romains une haîne immortelle.
Ce serment est le mien, — je lui serai fidèle. —
Je meurs sans être à vous.

MASSINISSE.
    Sophonisbe, arrêtez.

Connaissez qui je suis, & qui vous insultez.
C'est ce même serment qui devant vous m'amene.
C'est un courroux plus juste, une plus forte haîne;
Et c'est de son flambeau que je viens éclairer
L'hymen, l'heureux hymen qu'on ne peut différer.
C'est dans Cirthe sanglante, à ces autels antiques
Dressés par nos ayeux à nos Dieux domestiques,
Que j'apporte avec vous, en vous donnant la main,
L'horreur que Massinisse a pour le nom Romain.
Plus irrité que vous & plus qu'Annibal même,
Oui, je déteste Rome autant que je vous aime.
Vous, Dieux qui m'entendez, qui recevez ma foi,
(*Il prend la main de Sophonisbe, & tous deux les mettent sur l'autel.*)
Unissez à ce prix Sophonisbe avec moi.

C ij

SOPHONISBE.
Ah ! je suis trop heureuse !
MASSINISSE
A mes yeux outragée,
Vantez votre bonheur quand vous serez vengée.
Les Romains sont dans Cirthe ; ils y donnent des loix ;
Un Consul y commande, & l'on tremble à sa voix.
Sachez que sous leurs pas je vais ouvrir l'abîme
Où doit s'ensevelir l'orgueil qui nous opprime.
Scipion peut tomber dans le piége fatal.
Notre bonheur, Madame, est au Camp d'Annibal.
Dès que l'astre du jour aura cessé de luire,
Parmi des flots de sang ma main va vous conduire.
Sophonisbe, ma femme, en fuiant ses tyrans,
Doit marcher avec moi sur leurs corps expirants.
Il n'est point d'autre route : & nous allons la prendre.
SOPHONISBE.
Dans le Camp d'Annibal enfin j'irais me rendre,
Et vous m'y conduiriez ! ce jour, ce jour heureux,
Guérirait tant de maux, comblerait tant de vœux !
Ah ! Ciel ! puis-je y compter ?
MASSINISS
La plus juste espérance
Flatte d'un prompt succès ma flamme & ma vengeance
Je crains peu les Romains, &, prêt à les frapper,
J'ai honte seulement de descendre à tromper.
SOPHONISBE.
Ils savent mieux que vous cet art de l'Italie.

SCENE IV.

SOPHONISBE, MASSINISSE, PHÆDIME.

PHÆDIME.

SEIGNEUR, cet étranger qu'on appel Lélie,
Et qui dans ce palais parlait si hautement,
Accompagné des siens arrive en ce moment.
Il veut que sans tarder à vous même on l'annonce ;
Il dit que d'un Consul il porte la réponse.

MASSINISSE.

Qu'on dise qu'il m'attende, ou que, sans nous braver,
Aux pieds de Sophonisbe il vienne ici tomber.

SOPHONISBE.

Je ne vois point, Seigneur, un Romain sans allarmes.
Ils sont venus r'ouvrir la source de mes larmes.
Vous êtes violent autant que généreux.
Encor si vous saviez dissimuler comme eux,
Ne les point avertir de se mettre en deffense !
Mais toujours d'un Numide ils sont en défiance.
Peut-être ils ont déja pénétré vos desseins.
Vous me faites frémir. Je connais mes destins.
Ce jour a déploié tant de vicissitude,
Que, jusqu'à mon bonheur, tout est inquiétude.
Les nœuds, les sacrés nœuds que je viens de former,
D'un courage nouveau me doivent animer,

SOPHONISBE.

J'en ai fait voir assez : mais enfin, je vous aime,
Et dans ce jour de sang je crains tout pour vous même;
Mais réunie à vous, sûre de votre foi,
En marchant avec vous, je ne crains rien pour moi.

ACTE IV.

SCENE PREMIERE.
LÉLIE, ROMAINS.

LÉLIE, *à un Centurion.*

Allez, observez tout, les plus légers soupçons
Dans de pareils moments sont de fortes raisons.
Sophonisbe en ces lieux peut faire des perfides.
(*A un autre.*)
Scipion dans la ville enferme les Numides;
C'est à vous de garder le palais & la tour,
Tandis que n'écoutant qu'un imprudent amour,
Massinisse, occupé du vain nœud qui l'engage,
D'un moment précieux nous laisse l'avantage.
(*A tous.*)
Vous avez désarmé sans peine & sans effort
Le peu de ses soldats répandus dans ce fort;
Et déja, trop puni par sa propre faiblesse,
Il ne sait pas encor le péril qui le presse.
Au moindre mouvement qu'on vienne m'avertir;
Qu'aucun ne puisse entrer, qu'aucun n'ose sortir.

C iv

Sur-tout de vos soldats contenez la licence.
Respectez ce palais. Que nulle violence
Ne souille sous mes yeux l'honneur du nom Romain.
Le sort de Massinisse est tout en notre main.
On craignait que ce Prince, aveugle en sa colere,
N'eût tramé contre nous un complot téméraire;
Mais de son amitié gardant le souvenir,
Scipion le prévient sans vouloir le punir.
Soyez prêts, c'est assez; cette ame impétueuse
Verra de ses desseins la suite infructueuse;
Et dans quelques moments tout doit être éclairci. ⎯
Vous, gardez cette porte; & vous, veillez ici.

(*Les Licteurs restent un peu cachés dans le fond.*)

SCENE II.

MASSINISSE, LÉLIE, LICTEURS.

MASSINISSE.

EH bien ! de Scipion Ministre respectable,
Venez-vous m'annoncer son ordre irrévocable?

LÉLIE.

J'annonce du Sénat les décrets souverains;
Que le Consul de Rome a remis en mes mains.
Pouvez vous écouter ce que je dois vous dire?
Vous paraissez troublé.

MASSINISSE.
     Je suis prêt à souscrire
Aux projets des Romains que vous me présentez,

TRAGÉDIE.

Si par l'équité seule ils ont été dictés,
Et s'ils n'outragent point ma gloire & ma couronne,
Parlez, quel est le prix que Rome m'abandonne?
LÉLIE.
Le trône de Siphax déja vous est rendu.
C'est pour le conquérir que l'on a combattu.
A vos nouveaux États, à votre Numidie,
Pour vous favoriser, on joint la Mazénie.
Ainsi, dans tous les tems & de guerre & de paix,
Rome à ses alliés prodigue ses bienfaits.
On vous a déja dit que Cirthe, Hippone, Utique,
Tout, jusqu'au mont Atlas, est à la république.
Décidez maintenant si vous voulez demain
De Scipion vainqueur accomplir le dessein,
De l'Afrique avec lui soumettre le rivage,
Et, fidèle allié, camper devant Carthage?
MASSINISSE.
Carthage! oubliez-vous qu'Annibal la défend;
Que sur votre chemin ce Héros vous attend?
Craignez d'y retrouver Trasimène & Trébie.
LÉLIE.
La fortune a changé; l'Afrique est asservie.
Choisissez de nous suivre ou de rompre avec nous.
MASSINISSE, *à part.*
Puis-je encore un moment retenir mon courroux!
LÉLIE.
Vous voyez vos devoirs & tous vos avantages.
De Rome maintenant connaissez les usages.
Elle éléve les Rois & fait les renverser:
Au pied du Capitole ils viennent s'abbaisser.
La veuve de Siphax était notre ennemie;
Dans un sang odieux elle a reçu la vie;

Et son seul châtiment sera de voir nos Dieux,
Et d'apprendre dans Rome à nous connaître mieux.
Une femme, après tout, aisément se console
D'étaler ses beautés aux pieds du Capitole.
Vous l'y disposerez ; j'ai conçu cet espoir.
Sur son esprit, dit-on, vous avez tout pouvoir.

MASSINISSE.

Téméraire, arrêtez, Sophonisbe est ma femme ;
Tremblez de m'outrager.

LÉLIE.

                Je connais votre flamme,
Je la respecte peu, lorsque dans vos États
Vous-même devant moi ne vous respectez pas.
Sachez que Sophonisbe à nos chaînes livrée
De ce titre d'épouse en vain s'est honorée,
Qu'un pretexte de plus ne peut nous éblouir,
Que j'ai donné mon ordre & qu'il faut obéir.

MASSINISSE.

Ah ! c'en est trop enfin ; cet excès d'insolence
Pour la derniere fois tente ma patience.
(Mettant la main à son épée.)
Il faut m'ôter la vie, ou mourir de ma main.

LÉLIE.

Prince, si je n'étais qu'un Citoyen Romain,
Un Tribun de l'armée, un Guerrier ordinaire,
Vous me verriez bientôt prêt à vous satifaire ;
Lélie avec plaisir recevrait cet honneur.
Mais député de Rome & de mon Empereur,
Commandant en ces lieux, tout ce que je dois faire,
C'est d'arrêter d'un mot votre injuste colere.——
Romains, qu'on m'en réponde.

(Les Licteurs entourent Massinisse & le désarment.)

MASSINISSE.
                        Ah ! traître ! —— mes soldats
Me laissent sans défense !
          LÉLIE.
                    Ils ne paraîtront pas.
Ils sont ainsi que vous, Seigneur, en ma puissance.
Vous avez abusé de notre confiance :
Quels que soient vos desseins, ils sont tous prévenus ;
Et nous vous épargnons des malheurs superflus.
Si vous voulez de Rome obtenir quelque grace,
Scipion vous aimait ; il n'est rien que n'efface
A ses yeux indulgents un juste repentir.
Rentrez dans le devoir dont vous osiez sortir ;
On vous rendra, Seigneur, vos soldats & vos armes,
Quand sur votre conduite on aura moins d'allarmes,
Et quand vous cesserez de préférer en vain
Une Carthaginoise à l'Empire Romain.
Vous avez combattu sur nous avec courage.
Mais on est quelquefois imprudent à votre âge.

SCENE III.

MASSINISSE, *seul.*

Malheureux, tu survis à de pareils affronts !
Ce sont-là ces Romains juges des Nations,
Qui voulaient faire au monde adorer leur puissance,
Et des Dieux, disaient-ils, imiter la clémence !
Fourbes dans leurs traités, cruels dans leurs exploits,
Déprédateurs du peuple & fiers tyrans des Rois,

SOPHONISBE,

Je me repens sans doute, & c'est de vivre encore
Sans pouvoir me baigner dans leur sang que j'abhorre.
Scipion prévient tout ; soit prudence ou bonheur,
Son étonnant génie en tout tems est vainqueur.
Sous les pas des Romains la tombe était ouverte ;
Je vengeais Sophonisbe & j'ai causé sa perte.
A-t-il connu le piége, ou l'a-t-il soupçonné ?
Un moment a tout fait. Des miens abandonné,
Dans mon propre palais je vois un autre Maître !
Sophonisbe est esclave, on me destine à l'être !
Quel exemple pour vous, malheureux Africains !
Rois & peuples séduits qui servez les Romains,
Quand pourrez-vous sortir de ce grand esclavage ?
Quoi ! je dévore ici mon opprobre & ma rage !
J'ai perdu Sophonisbe & mon Empire, & moi ! ——
O Ciel ! c'est Scipion, c'est lui que je revoi.
C'est Rome qui dans lui se montre toute entiere.

SCENE IV.

SCIPION, MASSINISSE, LICTEURS.

(Scipion tient un rouleau à la main.)

MASSINISSE.

Venez-vous insulter à mon heure derniere ?
Dans l'abîme où je suis, venez-vous m'enfoncer,
Marcher sur mes débris ?
        SCIPION.
              Je viens vous embrasser.

TRAGÉDIE. 45

J'ai sçu votre faiblesse & j'en ai craint la suite.
Vous devez pardonner si de votre conduite
Ma vigilance heureuse à conçu des soupçons.
Plus d'une fois l'Afrique a vû des trahisons.
La niéce d'Annibal, à votre cœur trop chere,
M'a forcé malgré moi de me montrer sévère.
Du nom de votre ami je fus toujours jaloux ;
Mais je me dois à Rome, & beaucoup plus qu'à vous.
Je n'ai point démêlé les intrigues secrettes
Que pouvaient préparer vos fureurs inquiettes,
Et de tout prévenir je me suis contenté.
Mais à quelque attentat que l'on vous ait porté,
Voulez-vous maintenant écouter la justice,
Et rendre à Scipion le cœur de Massinisse ?
Je ne demande rien que la foi des traités ;
Vous les avez toujours sans scrupule attestés.
Les voici ; c'est par vous qu'à moi-même promise
Sophonisbe en mon camp devait être remise.
Voilà ma signature & voilà votre seing.
(Il les lui montre.)
En est-ce assez ? vos yeux s'ouvriront-ils enfin ?
Avez vous contre moi quelque droit légitime ?
Vous plaindrez-vous toujours que Rome vous opprime ?

MASSINISSE.

Oui. — Quand dans la fureur de mes ressentiments
Je fesais dans vos mains ces malheureux serments,
Je voulais me venger d'une Reine ennemie ;
De mon cœur irrité je la croyais haïe ;
Vos yeux furent témoins de mes jaloux transports,
Ils étaient imprudents ; mais vous m'aimiez alors ;
Je vous confiai tout, ma colere & ma flamme.
J'ai revu Sophonisbe & j'ai connu son ame.

Tout est changé, l'amour est rentré dans ses droits,
La veuve de Siphax a mérité mon choix,
Elle est Reine, elle est digne encor d'un plus grand titre.
De son sort & du mien j'étais le seul arbitre,
Je devais l'être au moins : —— je l'aime, c'est assez.
Sophonisbe est ma femme, & vous la ravissez !

SCIPION.

Elle n'est point à vous, elle est notre captive.
La loi des Nations pour jamais vous en prive.
Rome ne peut changer ses résolutions
Au gré de nos erreurs & de nos passions.
Je ne veux point ici vous parler de moi-même ;
Mais jeune comme vous & dans un rang suprême,
Vous savez si mon cœur n'a jamais succombé
A ce piége fatal où vous êtes tombé.
Soyez digne de vous ; vous pouvez encor l'être.

MASSINISSE.

Il est vrai qu'en Espagne où vous régnez en Maître,
Le soin de contenir un peuple effarouché,
La gloire, l'intérêt, Seigneur, vous ont touché.
Vous n'enlevâtes point une femme éplorée,
De l'amant qu'elle aimait justement adorée.
Pourquoi démentez-vous pour un infortuné
Cet exemple éclatant que vous avez donné ?
L'Espagnol vous bénit ; mais je vous dois ma haîne ;
Vous lui rendez sa femme, & m'arrachez la mienne.

SCIPION.

A vos plaintes, Seigneur, à vos emportements
Je ne réponds qu'un mot ; remplissez vos serments.

MASSINISSE.

—— Je me rends : —— je bannis la douleur qui m'obsède. ——
Lorsque Scipion parle, il faut que tout lui cède.

TRAGÉDIE. 47

Pour difposer de moi j'ai dû vous confulter.——
Et le faible au puiffant ne doit rien contefter.——
Ma femme eft votre efclave,—— & mon ame eft fou-
 mife.——
Ordonnez-vous enfin qu'à Rome on la conduife ?
SCIPION.
Je le veux, puifqu'ainfi le Sénat l'a voulu ;
Que vous-même avec moi vous l'aviez réfolu.
Ne vous figurez pas qu'un appareil frivole,
Une marche pompeufe aux murs du Capitole,
Et d'un peuple inconftant la faveur & l'amour,
Que le deftin nous donne & nous ôte en un jour,
Soient un charme fi grand pour mon ame éblouie ?
De foins plus importants croyez qu'elle eft remplie.
Mais quand Rome a parlé, j'obéis à fa loi.
Secondez mon devoir & revenez à moi.
Rendez à votre ami la premiere tendreffe
Dont le nœud refpectable unit notre jeuneffe.
Compagnons dans la guerre, & rivaux en vertu,
Sous les mêmes drapeaux nous avons combattu.
Nous rougirions tous deux qu'au fein de la victoire,
Une femme, une efclave eût flétri tant de gloire.
Réuniffons deux cœurs qu'elle avait divifés.
Oubliez vos liens : l'honneur les a brifés.
MASSINISSE.
L'honneur ! Quoi ! vous ofez !—— Mais je ne puis pré-
 tendre,
Quand je fuis défarmé, que vous vouliez m'entendre.——
Je vous ai déja dit que vous feriez content.
Ma femme——fubira le deftin qui l'attend.——
Un Roi doit obéir quand un Conful ordonne.——
Sophonisbe !—— Oui, Seigneur,—— enfin je l'aban-
 donne.——

Je ne veux que la voir pour la dernière fois.
Après cet entretien j'attends ici vos loix.
SCIPION.
N'attendez, qu'un ami si vous êtes fidèle.

SCENE V.
MASSINISSE, *seul*.

UN ami ! Jusques-là ma fortune cruelle
De mes jours détestés déshonore la fin !
Il me flétrit du nom de l'ami d'un Romain !
Je n'ai que Sophonisbe ; elle seule me reste.
Il le sait, il insulte à cet état funeste.
Sa cruauté tranquile, avec dérision,
Affectait de descendre à la compassion !
Il a sçu mon projet, & ne pouvant le craindre
Il feint de l'ignorer & même de me plaindre ;
Il feint de dédaigner ce misérable honneur
De traîner une femme au char de son vainqueur.
Il n'aspire en effet qu'à cette gloire infâme ;
Il jouit de ma honte ; & peut-être en son ame
Il pense à m'y traîner avec le même éclat
Comme un Roi révolté jugé par le Sénat.

SCENE VI.

MASSINISSE, SOPHONISBE.

MASSINISSE.

Eh-bien ! connaissez-vous quelle horreur vous opprime ?
D'où nous sommes tombés, — dans quel horrible abyme
Un jour, un seul moment nous a tous deux conduits ?
Du plus auguste hymen ce sont les premiers fruits.
Savez-vous des Romains la barbare insolence,
Et qu'il nous faut enfin tout souffrir sans vengeance ?

SOPHONISBE.

Je le sais ; — avez vous un fer ou du poison ?

MASSINISSE.

Nous sommes désarmés. Ces murs sont ma prison.
Mais je puis, après tout, retrouver quelques armes.

SOPHONISBE.

Songez-y. — Terminez tant d'indignes allarmes.
Trop de honte nous suit, & c'est trop de revers ;
J'ai deux fois aujourd'hui passé du trône aux fers.
Hâtez-vous : Annibal me vengera peut-être.
Mais qu'il me venge ou non, je veux mourir sans Maître.
Malheureux Massinisse ! ô cher & tendre époux !
Sophonisbe du moins sera libre par vous.

MASSINISSE.

Tu le veux, chere épouse ? il le faut ; — je t'admire. —

D

Tu me préviens ; —— fuis-moi. —— Rome n'a point d'empire
Sur un cœur auſſi noble, auſſi grand que le tien.
Nous ne ſervirons pas ; je t'en réponds.
SOPHONISBE.
Eh bien !
En mourant de ta main j'expirerai contente. ——
O Mânes de Siphax, Ombre à mes yeux préſente,
Mânes moins malheureux, vous me l'aviez prédit.
Oui, je vais vous rejoindre, & mon ſort s'accomplit.
De mon lit nuptial au tombeau deſcendus,
Mon Ombre ſans rougir va paraître à ta vue.
Je te rapporte un cœur qui n'était point à toi,
Mais juſqu'à ton trépas je t'ai gardé ma foi. ——
Enfers qui m'attendez, Eumenides, Tartare,
Je ne vous craindrai point, Rome était plus barbare.
Allons, je trouverai dans l'Empire infernal
Les monceaux de Romains qu'a frappés Annibal,
Des victimes ſans nombre, & des Scipions mêmes.
Traſimêne eſt chargé de mes honneurs ſuprêmes.
Viens m'arracher la vie, époux trop généreux,
Et tu me vengeras après ſi tu le peux.

Fin du quatriéme Acte.

ACTE V.

SCENE PREMIERE.
SCIPION, LÉLIE, ROMAINS

SCIPION.

AMI, la fermeté jointe avec la clémence
Peut enfin subjuguer sa fatale inconstance.
Je vois dans ce Numide un courfier indompté,
Que son Maître châtie après l'avoir flatté ;
On réprime, on ménage, on dompte son caprice ;
Il marche en écumant, mais il nous rend service.
Massinisse a senti qu'il doit porter ce frein
Dont sa fureur s'indigne & qu'il secoue en vain ;
Que je suis en effet maître de son armée ;
Qu'enfin Rome commande à l'Afrique allarmée ;
Que nous pouvons d'un mot le perdre ou le sauver.
Pensez-vous qu'il s'obstine encore à nous braver ?
Il est temps qu'il choisisse entre Rome & Carthage ;
Point de milieu pour lui, le trône ou l'esclavage ;
Il s'est soumis à tout : ses sermens l'ont lié :
Il a vu de quel prix était mon amitié.

La Reine l'égarait, mais Rome est la plus forte.
L'amour parle un moment ; mais l'intérêt l'emporte.
Il doit rendre aux Romains Sophonisbe aujourd'hui.

LÉLIE.

Pouvez-vous y compter ? Vous fiez-vous à lui ?

SCIPION.

Il ne peut empêcher qu'on l'enlève à sa vue.
Je voulais à son ame encor toute éperdue
Épargner un affront trop dur, trop douloureux.
Il me faisait pitié. Tout Prince malheureux
Doit être ménagé, fût-ce Annibal lui-même.

LÉLIE.

Je crains son désespoir ; il est Numide, il aime.
Sur-tout de Sophonisbe il faudrait s'assurer.
Ce triomphe éclatant qui va se préparer,
Plus que vous ne pensez vous devient nécessaire
Pour imposer aux grands, pour charmer le vulgaire,
Pour captiver un Peuple inquiet & jaloux,
Ennemi des grands noms, & peut-être de vous.
La veuve de Siphax à votre char traînée
Fera taire l'envie à vous nuire obstinée,
Et le vieux Fabius, & le censeur Caton,
Se cacheront dans l'ombre en voyant Scipion.
Quand le Peuple est pour nous, la cabale expirante
Ramasse en vain les traits de sa rage impuissante.
Je sais que cet éclat ne vous peut éblouir ;
Vous êtes au-dessus, mais il en faut jouir.

SCENE II.

SCIPION, LÉLIE, PHÆDIME.

PHÆDIME.

Sophonisbe, Seigneur, à vos ordres soumise,
Par le Roi Massinisse entre vos mains remise,
Va bien-tôt à vos pieds, déposant sa douleur,
Reconnaître dans vous son Maître & son Vainqueur.
La Reine à son destin fait plier son courage.
Elle s'est fait d'abord une effroyable image
De suivre au Capitole un char victorieux,
De présenter ses fers aux genoux de vos Dieux,
A travers une foule orageuse & cruelle,
Dont les yeux menaçants seraient fixés sur elle.
Massinisse a bientôt dissipé cette horreur.
Sophonisbe a connu quel est votre grand cœur.
Elle sait que dans Rome elle doit vous attendre.
Elle est prête à partir. Mais daignez condescendre
Jusqu'à faire écarter des Soldats indiscrets,
Qui veillent à sa porte, & troublent ses apprêts.
Ce palais est à vous. Vos troupes répandues
En remplissent assez toutes les avenues.
Votre captive enfin ne peut vous échapper,
La Reine est résignée & ne peut vous tromper.
Massinisse à vos pieds vient se mettre en ôtage.
L'humanité vous parle, écoutez son langage,
Et permettez, du moins, qu'en son appartement
La Reine, à qui je suis, reste libre un moment.

SOPHONISBE,
SCIPION.
(à un Centurion.)   (à Phadime.)
Il est trop juste. — Allez. — Que Sophonisbe apprenne
Qu'à Rome, en ma Maison, toujours servie en Reine,
Elle n'y recevra que les soins, les honneurs
Que l'on doit à son rang, & même à ses malheurs.
Le Tibre avec respect verra sur son rivage
Le noble rejetton des Héros de Carthage ;
Et quand je reviendrai, croyez que Scipion
Honorera toujours ses vertus, & son nom.
Rome pourra du moins mériter son estime.
Mais Massinisse vient.

TRAGÉDIE. 55

SCENE III. ET DERNIERE.

SCIPION, LÉLIE, MASSINISSE, LICTEURS.

LÉLIE.

Quel désespoir l'anime
Sous le masque trompeur de la tranquilité !

MASSINISSE, *troublé & chancelant.*

Vous ne douterez plus de ma sincérité. —
La victime par vous si long-tems désirée,
S'est offerte elle même. — Elle vous est livrée. —
Scipion, j'ai plus fait que je n'avais promis. —
Tout est prêt.

SCIPION.

La raison vous rend à vos amis.
Vous revenez à moi : pardonnez à Lélie
Cette sévérité qui passe, & qu'on oublie.
L'intérêt de l'État éxigeait nos rigueurs ;
Rome y fera bientôt succéder ses faveurs.

(*Il tend la main à Massinisse qui recule.*)

Point de ressentiment. Goûtez l'honneur suprême
D'avoir réparé tout, en vous domptant vous-même.

MASSINISSE.

Epargnez-vous, Seigneur, un vain remercîment. —
Il m'en coûte assez cher en cet affreux moment. —

Il m'en coûte, — ah ! grands Dieux !
    (*Il se laisse tomber sur une banquette.*
LÉLIE.
      Sa passion fatale
Dans son cœur combattu renaît par intervalle.
SCIPION, *A Massinisse en lui prenant la main.*
Cessez à vos regrets de vous abandonner.
Je conçois vos chagrins ; je sais leur pardonner.—
(*A Lélie.*)
Je suis homme, Lélie ; il porte un cœur, il aime.
(*A Massinisse.*)
Je le plains. — Calmez-vous.
MASSINISSE.
     Je reviens à moi-même.
Dans ce trouble mortel qui m'avait abattu,
Dans ce mal passager, n'ai-je pas entendu
Que Scipion parlait, & qu'il plaignait un homme,
Qui partagea sa gloire, & qui vainquit pour Rome ?
       (*Il se relève.*)
SCIPION.
Tels sont mes sentiments. Reprenez vos esprits.
Rome de vos exploits doit payer tout le prix.
Ne me regardez plus d'un œil sombre & farouche,
Croyez que votre état m'intéresse & me touche.
Massinisse, achevez cet effort généreux,
Qui de notre amitié va resserrer les nœuds.—
Vous pleurez !
MASSINISSE.
Qui ? moi ! — Non.
SCIPION.
     Ce regret qui vous presse

TRAGÉDIE. 57

N'est aux yeux d'un ami qu'un reste de faiblesse,
Que votre ame subjugue, & que vous oublirez.

MASSINISSE.

Si vous avez un cœur, vous vous en souviendrez.

SCIPION.

Allons, conduisez-moi dans la chambre prochaine,
Où je devais paraître aux regards de la Reine.
Qu'elle accepte à la fin mes soins respectueux.
(On ouvre la porte ; Sophonisbe paraît étendue sur une banquette un poignard est enfoncé dans son sein.)

MASSINISSE.

Tiens, la voilà, perfide ! elle est devant tes yeux.
La connais-tu ?

SCIPION.
  Cruel !

SOPHONISBE, *à Massinisse penché vers elle.*
   Viens, que ta main chérie
Achéve de m'ôter ce fardeau de la vie.
Digne époux je meurs libre, & je meurs dans tes bras.

MASSINISSE, *se retournant.*

Je vous la rends, Romains. Elle est à vous.

SCIPION.
    Hélas !
Malheureux ! qu'as-tu fait ?

MASSINISSE, *reprenant sa force.*
   Ses volontés, les miennes.
Sur ces bras tout sanglants viens essayer tes chaînes.
Approche, où sont tes fers ?

LÉLIE.
  O spectacle d'horreur !

MASSINISSE, à *Scipion.*

Tu recules d'effroi ! que devient ton grand cœur ?
(*Il se met entre Sophonisbe & les Romains.*)
Monstres qui par mes mains avez commis mon crime,
Allez au Capitole offrir votre victime ;
Montrez à votre peuple autour d'elle empressé,
Ce cœur, ce noble cœur que vous avez percé.
Jouis de ce triomphe. Es-tu content, barbare ?
Tu le dois à mes soins, c'est moi qui le prépare.
Ai-je assez satisfait ta triste vanité,
Et de tes jeux Romains l'infâme atrocité ?
Triomphe, Scipion, si les Dieux qui m'entendent
Accordent les faveurs que les mourants demandent,
Si, devançant les tems, le grand voile du sort (*)
Se tire à nos regards au moment de la mort,
Je vois dans l'avenir Sophonisbe vengée,
Rome à son tour sanglante, à son tour saccagée,
Expiant dans son sang ses triomphes affreux,
Et les fers & l'opprobre accablant tes neveux.
Je vois vingt Nations de toi-même ignorées,
Que le Nord vomira des Mers hyperborées ;
Dans votre indigne sang vos Temples renversés ;
Ces Temples qu'Annibal a du moins menacés ;
Tous les vils descendants des Catons, des Emiles
Aux fers des étrangers tendant des bras serviles ;
Ton Capitole en cendre, & tes Dieux pleins d'effroi
Détruits par des tyrans moins funestes que toi.
Avant que Rome tombe au gré de ma furie,
Va mourir oublié, chassé de ta patrie.

(*) C'était une opinion reçue.

Je meurs, mais dans la mienne, & c'est en te bravant.
Le poison que j'ai pris agit trop lentement.
Ce fer que j'enfonçai dans le sein de ma femme (*)
Joint mon sang à son sang, mon ame à sa grande ame.
Va, je ne veux pas même un tombeau de tes mains.

SCIPION.

Mes amis, après tout, ils sont morts en Romains.
Qu'un pompeux Mausolée, honoré d'âge en âge,
Eternise leurs noms, leurs feux & leur courage ;
Et nous, en déplorant un destin si fatal,
Remplissons tout le nôtre, allons vers Annibal.
Que Rome soit ingrate, ou me rende justice ;
Triomphons de Carthage, & non de Massinisse.

(*) Il tire le poignard du sein de Sophonisbe, & tombe auprès d'elle.

Fin du cinquième & dernier Acte.

APPROBATION.

J'AI lu par ordre de Monseigneur le Chancelier, *Sophonisbe, Tragédie* ; & je crois qu'on peut en permettre l'impression. A Paris, ce 30 Avril 1770.

MARIN.

De l'Imprimerie de la Veuve SIMON, Imprimeur de
S. A. S. Monseigneur le Prince de CONDÉ,
rue des Mathurins, 1770.

ERRATA.

Pour la Nouvelle Édition de Sophonisbe.

P*AGE* 5, *lign.* 7: Georgio Triſſino, Archevêque de Bénévent, *corrigez*: Le Prélat Georgio Triſſino, par le Conſeil de l'Archevêque de Bénévent, &c.

Pag. 14, vers 4:
Dont l'Afrique a tant craint le courage emporté.

Corrigez:
Dont l'Afrique éprouva le courage emporté.

Pag. 24, vers 13 & 14:
Sur Sophonisbe même; & ce nouvel orage
Pourra m'ôter la vie, & non pas mon courage.

Corrigez:
Sur Sophonisbe enfin: le ſang qui la fit naître,
Quoi qu'il puiſſe arriver, n'aura jamais de maître.

Pag. 26, à la fin de la page, *lisez*: MASSINISSE, *ſe levant.*

Pag. 27, vers 21:
Que ceux de diſpoſer du rang des Souverains.

Corrigez:
Que ceux de diſputer du rang des Souverains.

Pag. 28, vers 11:
Mais ſon ambition pourrait aller plus loin.

Corrigez: Mais ſon ambition pourrait aller trop loin.

Pag. 35, vers 4:
Pour m'unir avec vous je voudrais tout tenter.

Corrigez:
Le bonheur me fuyait; il vient ſe préſenter.

Pag. 36, commencez la page par ces Vers qui ont été omis.

SOPHONISBE.

Vous le voulez, grand Dieux : c'est vous dont la justice
Protége enfin Carthage, & me rend Massinisse !
L'amour dont j'ai rougi, fut par vous inspiré.
Il est digne de moi ; vous l'avez épuré.
Vous me rendez heureuse !

Pag. 37, *premier Vers, lisez :* Qu'on appelle Lélie.

Page 41, *Vers* 2 :

Et s'ils n'outragent point mon honneur & mon trône.

lisez :

Et s'ils n'outragent point ma gloire & ma couronne.

Pag. 43, *vers* 8 : Parlez à Scipion.

Corrigez :

Scipion vous aimait.

Même pag. Vers 15 :

Vous avez combattu sur nous avec courage.

Corrigez :

Vous avez combattu sous nous avec courage.

Page 46, *Vers* 13 :

Vous savez si mon cœur n'a jamais succombé.

corrigez :

Vous savez si mon cœur a jamais succombé.

Pag. 51, *troisiéme Vers :* coursier, *lisez*, coursiez.

Pag. 53, *vers* 5 :

La Reine à son destin fait plier son courage.

Corrigez :

La Reine à son destin fait plier son courage.

www.ingramcontent.com/pod-product-compliance
Lightning Source LLC
LaVergne TN
LVHW021008090426
835512LV00009B/2143

M.-J.-C. DE SAVIGNY.

A Mademoiselle

Letellier de Sainte-Bille.

Ce recueil nous révèle les plus nobles sentiments... Il est le témoignage de la reconnaissance. L'hommage vous en est dû.

Provins, Janvier 1852.